PETIT MANUEL

DE L'AMATEUR

DES

TIMBRES-POSTE

CRÉÉS CHEZ LES DIFFÉRENTS PEUPLES DE LA TERRE

OU

ESSAI THÉORIQUE ET PRATIQUE SUR LES TIMBRES-POSTE

SUR LA MANIÈRE DE LES PRÉPARER A ENTRER DANS UNE COLLECTION

ET DE LES CLASSER

SUIVI

DE LA NOMENCLATURE GÉNÉRALE

DE TOUS LES TIMBRES-POSTE, DE LEUR VALEUR INTRINSÈQUE ET DE
LEUR PRIX D'ACHAT POUR LES COLLECTIONS,

PAR F_{ois} V***

DU MINISTÈRE DE L'INTÉRIEUR,

Auteur des recherches sur l'étude et la classification naturelle et prognologique
des connaissances humaines;
ancien rédacteur-gérant du journal allemand Bazar-Parizer,
ancien rédacteur au journal la Science, etc.

PARIS

LIBRAIRIE DU COLLECTIONNEUR DES LIVRES CURIEUX

DE MANUSCRITS, DES LETTRES AUTOGRAPHES, DES DESSINS, PEINTURES ET OBJETS D'ART,

OU ONT ÉGALEMENT LIEU

L'ACHAT, LA VENTE ET LES ÉCHANGES DE TIMBRES-POSTE,

RUE SAINT-SULPICE, 32,

ET CHEZ LES PRINCIPAUX LIBRAIRES.

1862

PREMIÈRE PARTIE.

DU

MANUEL DE L'AMATEUR

DE

TIMBRES - POSTE.

I.

Un mot sur l'origine des timbres-poste et sur le goût des collections.—Objet et but du Manuel.

> Le plaisant peut conduire au sérieux
> et les plus petites choses aux grandes.
>
> INÉD.

Sans rechercher les véritables causes du goût actuel des collections de timbres-poste, on peut constater que leur origine est de date récente. Les premières émissions qui en ont été faites ne remontent pas au delà de vingt ans.

La création des timbres-poste français est de 1848; et nous ne connaissons pas encore d'une manière certaine celui des Etats de la terre où on peut trouver le plus ancien timbre, à moins toutefois qu'on ne le trouve encore, chez le peuple chinois, ce berceau des origines, sur lequel nous aurons occasion de revenir à propos des timbres chinois.

Mais le timbre-poste français, quoiqu'à sa naissance, n'en descend pas moins d'une souche ancienne, et la variété infinie, et comme forme et comme valeur, des timbres, dits de *papier timbré*, de chacune de nos anciennes provinces et que l'on trouve tantôt sur parchemin, tantôt sur les papiers du temps, sont bien certainement de véritables aïeux du timbre-poste actuel, dont la réunion et l'histoire ne sera pas une des parties les moins intéressantes de l'histoire générale du papier monnaie, que nous nous proposons de faire.

Mais le goût et les tendances actuelles des collectionneurs de timbres-poste, nous semblent d'autant plus louables, qu'ils nous viennent puissamment en aide dans notre travail, en contribuant à l'avancement de la science numismatique.

En effet, l'utilité et l'importance des collections de timbres-poste et du papier-monnaie, qui se lient si étroitement, ne sauraient plus être séparés de la numismatique en général, et en particulier de l'histoire des monnaies ayant cours chez chaque nation.

Nous ajoutons que les goûts de collections de timbres-poste graveront dans la mémoire plus de géographie et de connaissance héraldique que beaucoup de traités de géographie et de blason.

Cela posé, nous donnerons dans la première partie du

manuel et dans une suite de chapitres distincts, les aperçus suivants :
— Des collectionneurs et des collections ;
— Du nombre et des différentes espèces de timbres ;
— De l'acquisition, du prix commercial et des échanges de timbres-poste ;
— Des fraudes et des contrefaçons ;
— Du nettoyage et du montage des timbres ;
— De leur classification ;
— Et de la nomenclature générale, analyptique et alphabétique, de tous les timbres-poste connus jusqu'à ce jour.

II.

Les collectionneurs et les collections.

Collectionner, c'est rechercher et réunir, dans l'ordre le plus convenable pour l'étude comparative, toutes les matières physiques ou intellectuelles qui sont de même genre ou de même nature.

Le champ des phénomènes qui font l'objet de nos diverses recherches, est donc plus ou moins vaste, suivant le nombre plus ou moins grand des unités de même espèce qui en composent l'ensemble.

On conçoit très-bien qu'en histoire naturelle, par exemple, en minéralogie, en botanique ou en zoologie, où le nombre des espèces, des individus et de leurs variétés est considérable et souvent infini, les collections, pour devenir complètes, aient dû se borner à devenir partielles, c'est-à-dire à ne présenter la réunion que d'une série de phénomènes ou d'un seul genre de minéraux, de plantes ou d'êtres organisés.

Mais lorsque le nombre des individus ou des objets dont on veut embrasser l'ensemble est limité, comme celui des timbres-poste, on conçoit dès lors que par *collection* on doit entendre, non pas la réunion des timbres d'une ou seulement de plusieurs nations, non pas la réunion de telle ou telle espèce de timbres, à l'exclusion de telle ou telle autre espèce, mais la réunion la plus générale et la plus étendue possible de tous les timbres-poste existants chez tous les peuples de la terre.

Il suit de là que les amateurs qui ne veulent pas admettre dans leur collection les timbres officiels ou ceux dits de commerce, n'ont pas plus de raison pour agir ainsi que ceux qui ne voudraient pas admettre les timbres d'offices particuliers, ou les petits timbres communs que l'on trouve à profusion.

Nous disons donc qu'un résultat sérieux et vraiment utile ne peut ressortir que des collections qui embrasseront l'ensemble général et sans exception de tous les timbres-poste qui existent. C'est uniquement de cette manière de collectionner que nous viendront les matériaux les plus complets de l'histoire générale du papier-monnaie qui n'est point encore faite, et à laquelle on n'a même pas songé.

Aussi est-il à désirer et sera-t-il indispensable, pour l'exécution du travail historique et numismatique dont nous parlons, de former avec un soin particulier la collection de tous les timbres-postes français, dits de papier-timbré, depuis les temps le plus reculés jusqu'à nos jours (1).

Quand donc on voudra faire une collection générale des timbres-poste, dans un but utile, c'est-à-dire dans le but de présenter un ensemble agréable et saisissant de l'histoire des moyens que le trésor public a eu pour objet dans la création des timbres-poste, on ne peut se dispenser de réunir tous les timbres-secs ou humides, et imprimés, autrement dits de papier-timbré, depuis leur origine jusqu'à ce jour. Ils doivent même occuper dans cette histoire, une place considérable et intéressante.

Cela dit, nous jetterons un coup d'œil rapide sur les différentes espèces de timbres, que nous diviserons en quatre grandes classes :

1° Celle des timbres-poste proprement dits;

2° Les timbres-enveloppes;

3° Les timbres-poste à l'usage du commerce et des offices particuliers;

4° Et celle des timbres financiers, ou de papier-timbré, dont nous venons de parler.

Nous ne nous occuperons pas dans le présent Manuel de cette dernière classe de timbres anciens que nous nous proposons de faire figurer plus tard, comme il convient

---

(1) Dans l'Essai sur l'histoire générale du papier-monnaie en France, depuis les temps anciens jusqu'au temps présent, histoire que les tablettes des collectionneurs publieront peut-être un jour, la partie des timbres dits de papier-timbré, et leur nombreuse variété présentera un ensemble d'un intérêt piquant dont on est loin de se douter.

dans une collection générale. Nous ne traiterons que des trois premières classes.

Or, il résulte des recherches faites jusqu'à ce jour, que l'on connaît et qu'il existe environ douze cents timbres-poste différents qui se répartissent entre cent vingt-cinq nations ou possessions des divers Etats de la terre ; mais nous ne sachons pas qu'aucune collection, même celles réputées les plus belles et les plus nombreuses, aient encore atteint ce chiffre.

Nous avons vu des collections formées à grands frais et avec les plus grands soins, et qui font l'éloge du bon goût et de la persistance de leur possesseur, mais aucune d'elles n'a atteint le chiffre de mille, et nous serons très-reconnaissant et nous mentionnerons comme un résultat très-remarquable toute collection qui nous montrerait plus de mille timbres différents. Il va sans dire que dans ces différences nous ne comprenons pas celles qui reposent sur les nuances seulement du même timbre, ni conséquemment sur les timbres d'essais, mais uniquement sur les différences de formes, de valeur et de couleurs positives.

III.

Du prix commercial des timbres.

En réfléchissant aux bases les plus raisonnables à établir pour la fixation du prix de vente des timbres-poste, nous trouvons les données suivantes :

Deux divisions ou catégories distinctes se présentent d'abord tout naturellement : 1° celle des *timbres neufs*, c'est-à-dire, achetés suivant leur prix d'émission faite par le gouvernement; 2° celle des timbres-poste *ayant servi*, c'est-à-dire qui ont été démonétisés ou tamponnés par les employés de l'administration, et qui ne peuvent conséquemment plus servir que dans les collections.

En général, et pour les timbres de la première catégorie, le prix de chaque timbre *neuf* nous paraît devoir être celui même de la valeur nominale et intrinsèque donnée par chaque nation qui en a fait l'émission, plus les frais de débours et d'avance d'argent, de correspondance et de commission, suivant l'éloignement des contrées d'où on les a fait venir, et les difficultés de se les procurer.

Il nous reste à rechercher et à déterminer, le plus raisonnablement possible, le prix des timbres-poste anciens ou démonétisés, quoique tamponnés ou ayant servi, et qui ont souvent le plus de prix dans une collection.

A priori, nous disons que le prix que le collectionneur nous semble devoir payer cette catégorie de timbres paraît devoir être fixé, en général, à la moitié de leur valeur primitive d'émission, et tout au moins ne pas dépasser cette valeur.

Cependant, en vertu du principe il n'y a pas de règle sans exception, on conçoit que la rareté, que l'ancienneté ou la nouveauté même d'un timbre, jointes aux difficultés de se le procurer, et surtout à l'engouement, à l'impa-

1.

tience de le posséder quand même le premier et avant tout le monde, peuvent contribuer à en faire élever arbitrairement le prix. Mais il n'en est pas moins vrai que la cupidité a exploité souvent ces circonstances d'une manière indécente, en vendant à des prix tout à fait exagérés certains timbres anciens ou nouveaux, réputés rares.

En somme, nous nous résumons à dire que nous croyons que le prix des timbres tamponnés, même les plus rares, ne doit pas dépasser deux francs, et ce **chiffre** est déjà pris pour base dans la vente des timbres-poste faite au magasin du collectionneur, 32, rue Saint-Sulpice, au lieu des 4, 5, 10, 20 et même 35 francs, prix auxquels ont été et sont encore vendus certains timbres rares, tant à Bruxelles qu'à Paris.

Il nous paraît enfin convenable, quant aux timbres-poste neufs, que la valeur nominale et intrinsèque de chacun d'eux, plus les frais de commission, en soient définitivement la base.

Nous conseillons donc aux collectionneurs chaque fois qu'ils se trouveront en présence du prix exagéré d'un timbre, c'est-à-dire dépassant deux francs, nous leur conseillons d'attendre une occasion qui ne tardera guère à se présenter.

D'après ces bases nous espérons pouvoir donner prochainement le prix d'achat de chaque timbre, en ajoutant une colonne à la nomenclature générale spécialement consacrée à cet objet.

IV.

Des fraudes et des contrefaçons pratiquées dans le commerce des timbres-poste.

Des timbres anciens étant devenus rares, on a recherché les moyens de les contrefaire. Nous ne saurions donc trop prémunir les collectionneurs contre les fraudes et les contrefaçons de tous genres dont l'industrie et la cupidité s'évertuent à les rendre dupes. Quoique nouveau, le commerce des timbres-poste est loin d'en être exempt.

Et c'est ici une des raisons qui nous a fait éliminer de notre nomenclature générale, et porté à conseiller d'éliminer de toute collection les timbres d'essais : 1° parce qu'ils n'ont pas eu cours et sont restés sans valeur ; 2° parce que c'est sur cette sorte de timbres que la fraude s'exerce avec le plus de sûreté et d'effronterie, et qu'elle réalise ses plus beaux bénéfices. On doit également être en garde au sujet des timbres dits marques autrichiennes, dont la contrefaçon est des plus faciles.

En effet, nous savons que ces timbres d'essai prétendus primitifs et anciens, et ces marques sont et peuvent être renouvelés chaque jour, au fur et à mesure des besoins de la consommation et des amateurs ; et nous en avons vu parmi ces derniers qui prenaient au plus grand sérieux des timbres dits *d'essais de beauté* et *d'essais de couleur*.

Mais nous pouvons leur assurer qu'il n'y a d'essai de *couleur* que la fraude dont ils sont la dupe, de même qu'il n'y a d'essai de *beauté* que la beauté des bénéfices qu'ils assurent à leurs vendeurs.

En un mot, ils se trouvent dans le même cas que cet amateur qui offrait cinquante centimes de l'un des petits timbres imprimés sur les enveloppes des bonbons-chocolat de quinze centimes, du 1er de l'an 1862, tandis que le vendeur se proposait bien sérieusement d'obtenir plus de trois francs de chacun de ces mêmes timbres *rares*. Y avait-il erreur de part et d'autre?

V

Des échanges et de la petite bourse des amateurs de timbres-poste.

L'échange étant avant tout une convention, tout ici est conditionnel et dépend de l'intérêt personnel et des convenances réciproques de chaque échangeur.

Il arrive même souvent que chacun d'eux est satisfait et qu'il a gagné dans l'échange, bien que l'un des deux y ait presque toujours matériellement perdu.

Donnons un exemple pour rendre notre pensée plus sensible. On offre de nous échanger un timbre ancien du Brésil, contre une république française de dix centimes. certainement celui qui cède le brésilien y perdra, tandis que celui qui cèdera le dix centimes y gagnera au contraire; mais s'il arrive que celui qui a donné le timbre du Brésil en a encore en réserve cinquante, ou plus, de même sorte, tandis que la république de dix centimes manquait à sa collection, il est évident qu'il y a gagné à son tour et qu'il a lieu d'être content.

Mais l'homme est partout le même; à Paris, comme à Pékin, les jours de son enfance et ceux de sa vieillesse sont marqués par les mêmes faiblesses, les mêmes erreurs, les mêmes défauts. Les choses les plus utiles et les plus louables sont presque toujours sujettes à la critique, parce qu'elles ont toujours leur côté vulnérable, c'est-à-dire leurs abus, leurs travers et leurs vices.

C'est ainsi que se sont présentés à nous tout d'abord les échanges et achats de timbres-poste qui se pratiquent entre les jeunes gens des différents lycées, soit dans l'intérieur de leur pension, soit dans les jardins publics de la capitale, pendant les jours de congé. Quoique les petites transactions qui se passent entre eux, à ce sujet, n'aient rien que d'honnête et d'utile, cependant ces échanges et ces acquisitions dégénèrent souvent en spéculations et en trafic qui étonnent chez des enfants, quelquefois aussi jeunes qu'ils sont habiles à obtenir de leurs camarades plus candides et moins expérimentés des échanges où tout est bénéfice exagéré d'un côté et perte totale de l'autre.

Les deux points principaux de réunion où se font ces échanges sont les jardins des Tuileries et du Luxembourg, que l'on pourrait appeler la petite bourse des amateurs de timbres-poste.

En effet, comme à la bourse de la rue Vivienne, où se règlent les destinées financières de la France, on trouve aux jardins des Tuileries et du Luxembourg, notamment le jeudi, des réunions de spéculateurs et d'échangeurs de timbres, dont la physionomie et l'animation offrent un intérêt non moins piquant à l'observateur qui cherche à connaître le cœur humain.

Et quoique les agitations de la bourse du *jardin* soient beaucoup moins dangereuses, et n'entraînent pas les conquences si souvent funestes de la bourse de la *place* de Paris, elles n'en sont pas moins intéressantes pour l'étude, puisque cette petite bourse de la première jeunesse est, dans son genre, un acheminement à la bourse des grands enfants, de l'âge mûr et de la vieillesse.

En effet, les expressions dont nous nous servons pour rendre les sensations que nous font éprouver le commerce et les échanges de timbres-poste que l'on fait aux Tuileries et au Luxembourg, sont absolument les mêmes que celles usitées à la place de la Bourse. Apportons un exemple :

Les timbres du Chili et du Brésil avaient été en vogue, et partant en hausse dans les achats et dans les échanges contre d'autres valeurs ou d'autres timbres; mais voilà que par un revirement, ou par suite d'un accaparement de brésiliens, ou bien de la découverte d'une partie considérable de chili, le brésil et le chili encombrent tout à coup la place et amènent une baisse notable qui fait perdre nombre de spéculateurs et gagner quelques autres.

Or, c'est ici que le jeu des passions naissantes se manifeste de la manière la plus évidente et peut servir de renseignements utiles aux maîtres et aux parents qui veulent surveiller sérieusement l'éducation de leurs enfants, et réprimer et diriger comme il convient ces premières sensations et ces premières tendances.

Nous avons été témoins de la manifestation spontanée des passions les plus vives et même les moins louables parmi les jeunes collectionneurs de timbres-poste. Nous avons vu l'amour des timbres-poste, ou plutôt l'appât de l'argent qu'ils procurent, porté à un degré dont on ne se serait pas douté dans d'aussi jeunes intelligences.

Et nous ne pouvons trop louer ceux des parents ou des maîtres qui ont expressément interdit à leurs enfants et à leurs élèves d'acheter ou d'échanger des timbres à leurs camarades, non dans le but de compléter leur collection, mais uniquement pour les revendre avec des bénéfices certains, et qui surveillent avec soin si on n'enfreint pas leurs ordres.

VI.

De la manière de nettoyer les timbres-poste anciens ou tamponnés et de les mettre en état de figurer dans une collection.

Pour figurer convenablement dans une collection faite avec soin, tout timbre-poste, ancien ou moderne, doit être nettoyé, si besoin est, et monté ensuite.

Un timbre ne peut être salique de deux manières : 1° par le tamponnage à l'huile, ou le bâtonnage à l'encre des employés de l'administration ; 2° par la poussière, la boue ou d'autres corps étrangers qui l'ont maculé accidentellement.

Nous connaissons des amateurs qui s'efforcent d'enlever ces deux sortes de maculatures. Mais comme pour enlever les taches à l'huile et à l'encre, ils sont obligés d'employer des acides et des sels actifs, tels que celui d'Epsom, appelé communément sel d'oseille, l'eau de javelle, le chlore, etc., il est à craindre que la couleur du timbre soit essentiellement altérée dans cette opération délicate, qui nécessite beaucoup d'attention et de précision dans les proportions et la durée de l'action, ou du bain auquel et soumis chaque timbre maculé.

Nous conseillons donc, lorsque le tamponnage à l'huile d'un timbre n'est pas trop considérable, lorsque d'ailleurs il est généralement propre et bien conservé, de le laisser tel quel.

Si le timbre est maculé d'un bâtonnage fait avec l'encre ordinaire, le nettoyage est plus facile. Il faut plonger le timbre dans deux ou trois cuillerées d'eau de javelle, versée dans une petite soucoupe, et l'y laisser baigner jusqu'à ce qu'on aperçoive l'encre blanchir et disparaître, ce que l'on peut accélérer, en passant légèrement par un mouvement de va et vient, la peau de l'extrémité du doigt, sur la partie qui est maculée. Si la tache résistait à ce premier bain, il faudrait y passer une très-petite quantité de chlorure ou de sel d'Epsom, mis en poudre, et promené sur l'endroit maculé, avec le bout du doigt légèrement mouillé.

Mais pour peu qu'un timbre soit sali par les mains, la poussière ou la boue, il faut toujours nettoyer à l'eau simple d'abord, et ensuite étendue d'un peu d'eau de javelle, si le blanchiment n'est pas suffisant. Et dans ce cas comme dans le précédent, on doit le frotter légèrement et dans le bain même, avec la peau du doigt et ne le jamais toucher avec l'ongle, ou avec un corps dur, dans la crainte de le déchirer.

Quand le timbre est nettoyé et séché entre deux feuilles de papier buvard, il doit être monté.

Cette opération est des plus simples et des plus indispensables, par suite des résultats et du coup d'œil aussi utiles qu'agréables qu'elle apporte dans une collection.

On y procède ainsi. On égalise d'abord avec soin les marges du timbre que l'on doit laisser d'une largeur de deux millimètres au moins. Puis on le colle à la gomme, ou à la colle de pâte, sur un papier blanc et de choix, c'est-à-dire ni trop mince ni trop épais, mais uniformément de même qualité pour tous les timbres de la même collection.

Le timbre une fois collé et séché, il faut le couper, en ayant soin de laisser au papier sur lequel il est fixé, des marges convenables que le bon goût doit déterminer.

Il y a des amateurs qui encadrent tous les timbres de leur collection d'un petit trait à la plume fait avec beaucoup de soin et de régularité. Ce petit encadrement qui est simple et beau à la fois est d'un bon effet et donne un attrait de plus à une collection bien classée.

Mais une disposition particulière doit être prise pour le montage des timbres imprimés sur un papier de couleur, et surtout pour ceux auxquels il manque une ou plusieurs de leurs parties, par suite des lacérations accidentelles qu'ils ont éprouvées.

Le timbre imprimé sur papier de couleur et dont on a enlevé ou déchiré l'une des parties, doit être d'abord monté, ou collé sur un papier de même qualité et de même couleur autant que possible. On le coupe ensuite comme à l'ordinaire, en laissant, ainsi qu'il a été dit, les marges convenables. Puis, on le monte sur le papier blanc comme les autres timbres. Avec cette préparation, les parties qui manquaient au timbre sont réintégrées en quelque sorte, ou tout au moins, ne sont plus aussi désagréables à l'œil, le fond étant de la même couleur. On peut même aisément le restaurer dans cet état, surtout lorsque le timbre est rare.

Il va sans dire que les papiers superposés en double ou en triple, sur lesquels on trouve souvent collés certains timbres que l'on a voulu ainsi conserver, doivent disparaître entièrement dans le bain et être enlevés exactement avant de les coller et de les monter définitivement sur le papier blanc. Deux minutes au bain suffisent ordinairement pour décoller et détacher entièrement tous les anciens papiers sur lesquels le timbre a pu être collé successivement.

VII.

De la classification des timbres-poste.—Un mot sur la forme à donner aux albums pour collections.

Après qu'un timbre-poste est nettoyé et monté comme il a été dit, il faut le classer, afin de pouvoir le retrouver

sur-le-champ, quand on veut en faire l'étude comparative.

Parmi les divers systèmes qui se présentent à l'esprit pour classer d'une manière utile et agréable à la fois,
les différentes collections de timbres, les méthodes géné-
rales et spéciales qui paraissent présentement devoir être
préférées et remplir le mieux le but qu'on se propose,
sont les suivantes (1).

Classification générale. — Cette classification est naturelle, c'est-à-dire quelle a lieu suivant la division phy-
sico-géographique du globe, soit qu'on adopte les cinq
grandes divisions connues, l'Europe, l'Asie, l'Afrique,
l'Amérique et l'Océanie, soit qu'on suive l'ordre alphabétique de ces cinq parties principales.

Classification partielle et spéciale. — Elle doit dé-
couler tout naturellement de la précédente. On adopte
pour l'Europe, par exemple, la division de tous les États
qu'elle renferme, suivant la position que chacun d'eux
occupe au nord et au sud, à l'est et à l'ouest; ou bien suivant la nomenclature alphabétique de ces mêmes états.
C'est dans ce dernier ordre alphabétique que nous don-

---

(1) Nous croyons devoir faire connaître au lecteur que les
divers travaux ayant pour objet la classification et l'inventaire
général des connaissances humaines, dont nous nous occupons
depuis plus de 30 ans, et dont nous avons donné un aperçu
en 1855 et 1856, dans une suite d'articles imprimés dans le journal la *Science*, rédigé en partie, par les membres de l'Acadé-
mie des sciences, sont de nature à donner quelque poids aux diverses opinions que nous avons à émettre sur cette matière.

nons la statique générale des timbres-poste qui forme la 2e partie de ce manuel.

Mais soit que l'on s'arrête à la classification géographique, soit que l'on préfère la disposition alphabétique des différentes nations chez lesquelles on trouve des timbres-poste, il nous paraît utile et convenable de les classer suivant l'une des trois méthodes spéciales dont on trouve des exemples ou tableaux à la fin du volume et qui sont :

L'ordre généalogique, ou l'ordre des dates de la création et de la valeur de chaque timbre ;

L'ordre héraldique, d'après les armoiries ou blasons de chaque Etat, c'est-à-dire d'après les aspects différents, ou de couleurs semblables, d'après les effigies des souverains, ou les figures allégoriques et les emblèmes;

L'ordre systématique, composé des deux ordres précédents, et par lequel on groupe les timbres pour le coup d'œil le plus favorable à leur étude comparative.

Nous nous résumons en disant que, selon les convenances et le goût du collectionneur, il peut, à son choix, classer les différents timbres du même Etat, suivant l'ordre généalogique de leurs émissions et de leur valeur nominale, comme on le voit dans la planche I, où nous avons pris pour exemple les timbres-poste français dont nous avons éliminé les timbres d'essai et sans valeur, qui n'ont pas eu cours;

Ou suivant l'ordre héraldique dont nous donnons un exemple, pl. II;

Ou suivant l'ordre systématique et composite, ainsi qu'il est représenté pl. III.

Nous ne terminons pas cette première partie du Manuel, sans dire un mot de notre façon de penser sur la forme à donner aux albums consacrés aux collections de timbres-poste.

Nous avons remarqué, en général, que la forme communément usitée pour cet objet, était la forme oblongue des petits albums de musique, que l'on ouvre horizontalement, aulieu de l'être verticalement, comme les volumes ordinaires in-8°. Cette forme oblongue, bonne pour les albums de dessins et de musique, n'est ni la plus commode ni la plus gréable pour les albums de timbres-poste.

Nous croyons donc qu'elle doit être complétement abandonnée, pour lui substituer avec avantage, le format grand in-8. Ce format est aussi celui que nous avons adopté dans les tableaux ou exemples de classifications spéciales placée à la fin du livre.

Il serait peut-être aussi utile que désirable que les albums de timbres-poste fussent confectionnés à dos, ou plutôt à feuilles mobiles, que l'on pourrait transposer à volonté et qui permettraient de faire tous les changements et additions que les découvertes et les acquisitions successives pourraient rendre nécessaires.

Nous ajoutons que si ces albums, avec ou sans étui, sont exécutés dans les ateliers de reliures de luxe, si remarquables, de la maison Lenègre, rue Bonaparte, les collectionneurs n'auront rien de mieux à désirer (1).

---

(1) M. Lenègre, rue Bonaparte, 35, à Paris, ayant eu communication de notre manière de voir relativement au format des albums, s'est proposé de suivre les indications données dans le le présent Manuel, pour la confection des albums de timbres-poste. On lui devra même l'idée utile de faire imprimer en tête de chaque page, le nom de chaque Etat, ou office particulier, qui ont créé des timbres-poste et dans le même ordre que celui adopté dans le Manuel; de telle sorte que l'album de M. Lenègre deviendra comme le complément du présent livre.

DEUXIÈME PARTIE.

NOMENCLATURE GÉNÉRALE

ou

TABLES ANALYTIQUES ET ALPHABÉTIQUES

DES

TIMBRES-POSTE

CRÉÉS DANS LES DIVERS ÉTATS DE LA TERRE.

TABLES DE LA NOMENCLATURE GÉNÉRALE [1]

Dans cette seconde partie, nous donnons, sous forme de tables analytiques et alphabétiques, l'inventaire général de tous les timbres-poste connus, depuis leur origine jusqu'à ce jour.

C'est la statistique des timbres créés dans les divers Etats du globe.

[1] Un catalogue de timbres-poste vient d'être publié. Son prix fort est de deux francs, au lieu d'être distribué, sinon gratuitement, comme il est d'usage de le faire pour tous les catalogues, du moins avec une faible rétribution. Dans l'état actuel des collections de timbres, même les plus nombreuses faites jusqu'à ce jour, ce n'est peut-être qu'un catalogue incomplet. En effet, on y remarque des lacunes plus ou moins notables; des timbres sont indiqués et ne sont point décrits, soit que l'auteur (M. A. P.) ne les ait pas eus en sa possession, lors de son travail, soit qu'il ne les ait jamais vus. Sans doute, la 2ᵉ édition de ce catalogue, que l'on annonce prochainement, sera-t-elle plus complète.

Mais quelle que soit la pensée qui ait présidé à sa rédaction, pensée résultant de l'exagération même de son prix, et ce que, suivant l'auteur lui-même, il peut y avoir d'*incomplet*, c'est un effort et un travail utiles.

Nous avons divisé ces tables en sept colonnes.

La 1re contient, par ordre alphabétique, les noms des Etats qui font usage de timbres-poste.

La 2e indique le nombre connu des timbres qui ont cours dans chacun de ces Etats.

Les 3e et 4e colonnes donnent la désignation des effigies des souverains et des emblèmes ou armoiries de chaque timbre-poste proprement dit, et de chaque timbre-enveloppe.

La 5e est consacrée au prix, ou valeur nominale d'émission des timbres.

La 6e désigne la forme et la couleur de l'impression des timbres et des papiers.

La 7e colonne, laissée provisoirement en blanc est destinée à l'indication et à la fixation du prix commercial de chaque timbre *neuf* et tamponné, d'après les bases que nous avons établies dans le Manuel, mais que nous ne pouvons donner présentement d'une manière définitive, ne connaissant pas encore suffisamment et comme il convient, la valeur relative commerciale de tous les timbres qui existent.

Nous nous proposions également de donner une autre colonne qui eût été placée immédiatement après la 5e et qui eût donné l'équivalent de la valeur d'émission de chaque timbre, en monnaie de France, mais chaque collectionneur soigneux pourra suppléer facilement à cet égard au temps qui nous a manqué.

Nous avons une observation à faire pour l'intelligence et l'usage des 5e et 6e colonnes. Les couleurs indiquées dans cette dernière étant exactement énoncées dans le même ordre que les valeurs respectives de chaque timbre indiqué dans la colonne 5, on voit tout de suite la couleur se rapportant à chaque valeur.

On veut savoir, par exemple, quelle est la couleur du kreutzer du grand duché de Bade. On cherche Bäde à son rang alphabétique, et on voit que le chiffre 6 est le 3e dans la colonne. On cherche alors la couleur qui est également énoncée la 3e dans la colonne 6, et l'on voit qu'elle est verte. Il en est de même de tous les autres cas.

Pour donner cette nomenclature aussi complète et à jour qu'il était possible de le faire, nous avons demandé quelques renseignements à divers amateurs de timbres-poste dont les collections nous avaient été signalées comme les plus nombreuses.

Plusieurs de ces messieurs ayant répondu avec empressement à notre appel, nous les prions d'agréer ici l'expression de notre gratitude.

Mais quelques autres à Paris, heureusement en trèspetit nombre, n'ayant pas eu le soin de vous faire une réponse quelle qu'elle soit, nous nous tenons bien averti que nous n'avons rien à attendre d'eux quand il s'agira des intérêts d'une science quelconque.

Nous prions donc instamment tous les colectionneurs, nos voisins d'Europe et des différentes parties de la terre, de vouloir bien adresser au Collectionneur, 32, rue Saint-Sulpice, à Paris, l'indication du nom, de la valeur et de la couleur de chaque timbre-poste de leur collection, qui ne figurerait pas dans la présente nomenclature, et d'en recevoir d'avance et, en attendant que nous les leur adressions d'une manière plus spéciale, nos biens sincères remercîments.

DEUXIÈME PARTIE.

NOMENCLATURE GÉNÉRALE

OU

TABLES ANALYTIQUES ET ALPHABÉTIQUES

DES

TIMBRES-POSTE

CRÉÉS DANS LES DIVERS ÉTATS DE LA TERRE.

2.

Nomenclature générale des timbres-postes.

ÉTATS qui ont créé des timbres-poste.	NOMBRE des timbres qui y ont cours.	EFFIGIES et EMBLÈMES.		VALEUR d'émission de ch. timbre.	FORME et couleur de l'impression des timbres et du papier.
		des timbr.-poste proprem. dits.	des timbres-enveloppes.		
ALLEMAGNE DU SUD.	18	Chiffr. et nom de l'office.	»	1, 2, 3, 6, 9, 15, 30 k.	Pap. de coul. et blanc. Rect. ; vert, bleu, bleu, rose, jaune, viol., roug.
		»	Chiffr. et nom de l'office.	2, 3, 6, 9, 15, 30 k.	Octog.; orange, rose, bleu, jaune.
ALLEMAGNE DU NORD. (Tonn et Taris).	20	Chiff. de la valeur.	»	1/4, 1/3, 1/2, 1/2, 1, 2, 3 silb.	Pap. de couleur. R. Marron, carmin, bleu clair, vert, bleu, rose, jaune, violet, rouge.
		»	Chiff. en blanc.	1/2, 1, 2, 3, 5, 10 silb.	Jaune, rose, bleu, bistre.
AMÉRIQUE. 1° ÉTATS CONFÉDÉRÉS.	2	N. et ch. N.-Orléans.	»	2,5 cents	R. Bleu, marron.
2° ÉTATS-UNIS.	38	Effigie et nom. (Aigle).	»	5, 10, 1, 3, 5, 10, 12, 24, 30, 90 c.	R. Pap. lilas et bleu. Bleu, rouge, marr., vert, noir, violet, jaune, bleu foncé.
Timbres ofüciels.		»	Effigie.	3, 6, 10 c.	Pap. jaune. sang, vert, vert foncé.
				1, 3, 10 c.	Pap. blanc. bleu, sang, vert.
TIMBRES D'OFFICES particuliers.	46	N. et emb. div., colomb. etc.	»	de val. diverses.	De forme, papier et couleurs divers.

ÉTATS qui ont créé des timbres-poste.	NOMBRE des timbres qui y ont cours.	EFFIGIES et EMBLÈMES.		VALEUR d'émission de ch. timbre.	FORME et couleur de l'impression des timbres et du papier.
		des timbr.-poste proprem. dits.	des timbres-enveloppes.		
ANGLETERRE Proprement dite.	36	Effigie. »	» »	1, 2, 4, p 6 p., 1 sc.	Pap. blanc. Id. sur papier bleuté. Noir, blanc, viol., bist., rose, vert.
(Offic. particul.) POSSESSIONS AN- GLAISES. (V. en leurs lieux resp.)	278	» »	Effigie. Fig. div.	1, 2 p 1, 2, 3, 4 p., 1 sc.	Noir, rose. Forme, pap. et fig. div. Rose, bleu, rose foncé, sang, vert. etc.
ARGENTINE (CONFÉDÉRATION). et V. Buenos-Ayres.	3	Nom et armoir.	»	5, 10, 15 centuros	R. Rouge, vert, bleu.
AUSTRALIE DU SUD (Possess. angl.)	7	Nom, ef-figie.	»	1, 2, 4, 6 p. 1 sh., 6, 9 p.	Vert, rouge, bleu, orang, violet, gris.
AUSTRALIE OCCIDENTALE. (Possessions angl.)	10	Nom. Cygne. »	». Armes et effigie.	1, 2, 4, 6 p., 1 sh., 1, 2, 4, 6 p., 1 sch. 3, 5, 10, 15, 20, 25, 30, 35 kr.	Div. formes : R., oct. et ov. Noir, bleu, bist., marr., jaune, gren. R. Vert, rou-ge brique, bleu, jaune, br. et br. cl.
AUTRICHE Proprement dite.	48	Effigie. Armoir. Mercure et effig. Armoir.	» » » »	1, 2, 3, 6, 9 k. 2, 3, 5, 10, 15 k. sans dé-signat. 1, 2, 4 k.	Jaune, noir, rouge, bl., bleu. Jaune, vert, rouge, brun et bleu. Bleu, rose, jaune, lilas, violet. Noir, vert, bleu, rou-ge, marron.

ÉTATS qui ont créé des timbres-poste.	NOMBRE des timbres qui y ont cours.	EFFIGIES et EMBLÈMES.		VALEUR d'émission de ch. timbre.	FORME et couleur de l'impression des timbres et du papier.
		des timbr.-poste proprem. dits.	des timbres-enveloppes.		
AUTRICHE et ses possessions DE LOMBARDIE et VÉNÉTIE. (Sardaigne, v. ce nom.)	24	Armoir.		5, 10, 15, 30, 45 c.	Jaune, noir, rouge, br., bleu.
		»	»	2, 3, 5, 10, 15 s.	Jaune, noir, rouge, br., bleu.
		Effigie.	»	3, 5, 10, 15, 20 s.	Vert, rouge brique, bleu et jaune
		Idem.	»	25, 30, 35 soldi.	Brun, violet, brun clair.
BADE (Grand-duché de).	18	Nom et chiffre.	»	1, 3, 6, 9 k.	R. Chamois, jaune, vert, blanc.
		Armoir.	»	1, 3, 6, 9 k.	Blanc, vert, jaune, rose.
		»	Effigie.	3, 6, 9, 12, 18 k.	R. Bleu, jaune, rose, bistre, briq.
BAHAMA (ILES). possessions anglaises des Antilles.	1	»	»	1 p.	R. Pap. bleu.
BALE (et Voy. Suisse).	1	N., arm. colomb.	»	2 1/2 rap.	Rect. Noir.
BARBADES (ILES). possessions anglaises des Antilles.	8	Nom, effigie.	»	sans indicat.	R. Pap. bleuté et blanc. Rouge, bleu, blanc, vert.
			»	6 p. 1 sh.	Rouge, noir.

ÉTATS qui ont créé des timbres-poste.	NOMBRE des timbres qui y ont cours.	EFFIGIES et EMBLÈMES		VALEUR d'émission de ch. timbre.	FORME et couleur de l'impression des timbres et du papier.
		des timbr.-poste proprem. dits.	des timbres-enveloppes.		
BAVIÈRE. (ROYAUME DE).	16	Nom et chiffre.	»	1, 3, 6, 9 k.	R. Pap. bleu. Blanc, bleu, violet, roug.
		Id.	»	1, 3, 6, 9, 12, 18 k.	Rose, bleu, marr., vert, brique, jaune.
		Id.	»	1, 3, 6, 9 k.	Bistre, bleu, brun, vert.
BELGIQUE (ROYAUME DE).	9	Effigie.	»	10, 20 c.	R. Pap. bleu, sans encad. Noir, bleu.
		Id.	»	1, 10, 20, 40 c.	Vert, gris, bleu, rouge.
BERGEDORFF (VILLE DE). R. de Hambourg.	5	Nom, armoirie.	»	1/2, 1, 1 1/2 sch.	Rect., divers. Pap. coul. Violet, blanc, jaune.
				3, 4 sch.	Rose, bistre.
BRÊME (RÉPUBLIQUE DE).	6	Nom et armoir.	»	3, 5, 7 grosc.	R. Pap. bleu. Bleu, rose, jaune.
		Id.	»	5, 7, gr.	Vert, gris.
		»	Nom, armoiries.	Sans indicat.	Timbre à la main.
BRÉSIL (EMPIRE DU).	22	Chiffres italiq. et droits.	»	30, 60, 90 reis, 10, 20, 30, 60, 90, 180, 300, 600 reis.	R. Pap. bleu. Noir.
		»	»	10, 30 r.	Bleu.
		»	»	200 et d.	Rouge.

ÉTATS qui ont créé des timbres-poste.	NOMBRE des timbres qui y ont cours.	EFFIGIES et EMBLÈMES		VALEUR d'émission de ch. timbre.	FORME et couleur de l'impression des timbres et du papier.
		des timbr.-poste proprem. dits.	des timbres-enveloppes.		
BRUNSWICK (DUCHÉ DE).	13	Nom, armoiries.	»	1, 2, 3 silb.	R. Rose, bleu et brique.
		Id.	»	1/4, 1/3, 1, 2, 3 s.	Cach., blanc, orange, bleu rose.
			»	4/4, 1 s.	Cachou, jaun
			Armoiries.	1, 2, 3 silb.	Jaune, bleu, rose.
BRUNSWICK (NOUVEAU). Possess. angl. de l'Amér. du Nord.	9	Nom, armoiries.	»	3, 6 p., 1 sh.	R. bistre, jaune, viol.
		c. de fer.	»	1 c.	Noir.
		Effig. de la reine.	»	5, 10 c.	Vert, rouge.
		b. à vap.	»	12 1/2 c.	Bleu.
		Pr. de Galles.	»	17 1/2 c.	Noir.
BUENOS-AYRES. et Voy. Argentine (Confédération.)	10	Nom et vaiss.	»	1, 2, 4, 5 peso.	R. Pap. blan. Bleu, bleu, rouge, brun.
			»	1, 4, 5 peso.	Bistre, sienne, brun.
		Effigie, liberté.	»	1, 2 p., 4 r.	Bleu, rouge, vert.
CALÉDONIE (NOUVELLE). Col. fr. de l'Océanie.	1	Nom et effigie.	»	10 cent.	R. Papier blanc. Noir.
CANADA Possess. angl. de l'Amér. du Nord.	19	Nom et effigie.	»	1/2 p., 6, 6 p., 10 p	R. rose, noir, vert, bleu.
		Castor.	»	3 p. 5 c.	Rouge, roug.
		Effigie.	»	1, 10, 12 1/2, 17 c.	Rose, noir, vert, bleu.
		»	Effigie.	5, 10, 12 1/2 c.	Marron, bleu, noir.

ÉTATS qui ont créé des timbres-poste.	NOMBRE des timbres qui y ont cours.	EFFIGIES et EMBLÈMES		VALEUR d'émission de ch. timbre	FORME et couleur de l'impression des timbres et du papier.
		des timbr.-poste proprem. dits.	des timbres-enveloppes.		
BONNE - ESPÉRANCE (CAP DE). Possess. anglaises d'Afrique.	10	Nom et figurine.	»	1 p.	Triangul. sur pap. bleu. Brique.
		Id.	»	1, 4, 6 p.	Triangul. sur pap. blanc. Rouge, bleu, violet.
			»	1 sh. 4 p.	Vert, noir.
CEYLAN (ILE). Possession angl. d'Asie.	18	Nom, effigie.	»	4, 8, 9 p. 1 sh.	Octog. Pap. bl. Rouge, marron, brun.
		Id.	»	9 p., 2 sh.	Vert, bleu.
		Id.	»	1/2, 1, 2, 5, 6 p.	Violet, bleu, vert, bistre, brun.
		Id.	»	10 p. 1 s.	Rouille, viol.
		»	Effigie à gauche.	1, 4, 6, 8 p., 1, 2 s.	Vert.
CHILI (RÉPUBLIQ. DU).	2	Nom, effigie.	»	5, 10 cents.	R. Rouge, bleu; de nuances tr.-variées.
CHINE (*) (EMPIRE DE LA)					
COLOMBIE et île VANCOUVER Possess. anglaise de l'Amériq. du Nord.	3	Nom, effigie.	»	1/2, 2.	R.
		»	»	2 1/2 p.	Rose.

(*) *Nota.* Nous avions cru qu'il n'existait pas de timbres-poste en Chine; cependant plusieurs personnes dignes de foi nous affirment aujourd'hui que diverses lettres arrivent des contrées centrales de la Chine portant un timbre rectangulaire long, à peu près semblable aux timbres du commerce belge, français et anglais.

ÉTATS qui ont créé des timbres-poste.	NOMBRE des timbres qui ont cours.	EFFIGIES et EMBLÈMES		VALEUR d'émission de ch. timbre.	FORME et couleur de l'impression des timbres et du papier.
		des timbr.-poste proprem. dits.	des timbres-enveloppes.		
CUBA ET PORTO RICO (îles de). ss. espag. d. Antilles.	9	Effigie.	»	1/2, 1, 2, 2, r. plata.	R. 3 sér. sur pap. bleuté et blanc. Bleu, vert, rouge.
DANEMARCK (ROYAUME DE) ; ses possessions.	13	Chiffre.	»	2 r., 6 s. 3 th.	R. Bleu, noir.
		Armoir.	»	2, 4, 8, 16 s.	Bleu, bistre, vert, viol. de nuances div.
		Mercur. (essai).	»	4 r., 6 s. 1 1/4 s.	Brun.
		Effigie. (essai).	»	8 r., 6 s. 2 1/2 s.	Brun.
SCHLESWIGH-OLSTEIN (duc. de)	2	Armoiries.	»	1, 2 s.	Bleu, rose.
SAINT-THOMAS ILE (Antilles).	1	Id.	»	3 cent.	Rouge.
ÉCOSSE (NOUVELLE). possess. angl. de l'Amér. du Nord.	9	Effigie.	•	1, 5, 8 1/2 c.	R. Brun et n., bleu, vert.
		Id.	»	10, 12 1/2 c.	Bouge et n.
		Armoiries.	»	3, 6 p., 1 sh.	Bleu, vert, violet.
ÉDOUARD (ILE DU PRINCE). possessions anglaises *ut suprà*.	4	Nom, effigie.	»	1, 3, 6 p. 1 sh.	R. Bleu, vert.
ESPAGNE (ROYAUME D').	58	Correo interior. Av. 1850 Ours.	»	1, 2 3 cuartos.	R. bronzée.
		Effigie et date.	»	2, 5, 6, 10, 12 c.	Rouge et rose rouge et vert bleu, vert et bleu, violet.

ÉTATS qui ont créé des timbres-poste.	NOMBRE des timbres qui ont cours	EFFIGIES et EMBLÈMES		VALEUR d'émission de ch. timbre.	FORME et couleur de l'impression des timbres et du papier.
		des timbr.-poste proprem. dits.	des timbres-enveloppes.		
ESPAGNE (ROYAUME D'). (suite.)	58	Armoirie avec date.	»	2, 4, 6 c. 1, 2, 5, 6.	R. Vert, rouge, rouge, noir, rouge, vert, bleu.
		Effigies. date.	»	2, 4 c. 1 r.	Vert, rouge et jaune; bleu.
		Id.	»	2 r. 12 c. 12, 19 c.	Marron et grenat, violet, jaune et rouge; marron.
ET SES POSSESSIONS. (Voy. Cuba, Luçon, etc.)	14	Correo oficial.		1/2, 1, 4 onzas, 1 libra.	R. Sur pap. coul.
		Armr. et date.	»		Jaune, rose, vert, bleu.
		Id. sans date.	»	Id.	Jaune, rose, vert, bleu.
ÉTATS-UNIS (Voy. Amériq. du Nord.)	38				
FINLANDE (Possession russe).	6	Armoirie.	»	5, 10 kop.	R. Pap. blanc et coul. Bleu, rose.
		»	Armoir.	5, 10, 15 kop.	Bleu, rouge.
FRANCE(*)	24	Nom, effigie de la rép.	»	10, 15, 20, 25 40 c. 1 f.	R. Pap. blanc. Jaune, vert, noir, bleu. Orange, carmin.
		Id., effigie du présid.	»	Même série.	Comme les précédents.

(*) *N. B.* Nous n'avons pas cru devoir indiquer les timbres d'essai et sans valeur qui n'ont pas eu cours.

ÉTATS qui ont créé des timbres-poste.	NOMBRE des timbres qui y ont cours	EFFIGIES et EMBLÊMES		VALEUR d'émission de ch. timbre.	FORME et couleur de l'impression des timbres et du papier.
		des timbr.-poste proprem. dits.	des timbres-enveloppes.		
FRANCE (Suite).	24	Nom.Ef. emper.	»	4, 5, 10, 20, 25 c.	Olive, vert, jaune, bleu, id.
		Id.	»	40, 80 c. 1 f.	Orange, rose, carm., id.
		Ch.-tax.		10 c.	Noir.
ET SES POSSES-SIONS.	2	Nom, aigle.	»	10, 40 c.	Jaune, rouge.
NOUVELLE-CALÉDONIE.	1	Effigie, emper.	»	10 c.	Gris.
FRANCFORT (SUR-MEIN). (Voy. Allemagne-Nord.)					
NOUV.-GALLES DU SUD (Océanie).	30	Nom, v. de Sidney.	»	1. 2, 2, 3, p.	R.Pap.blanc. Rouge, noir, bleu, vert. Papier azuré.
		Effigie.	»	1,2,3,6, 8p.1sh.	Rouge, bleu, vert, brun, jaune,rouge Pap. blanc.
		Id.	»	1,2,3,5, 6, 8 p. 1 sh.	Rouge, bleu, vert, vert, noir, noir, violet, jaune, rouge.
		Registered.	»	»	Rouge et bleu jaun. et bleu Nuanc. tr.-var.
GENÈVE (Voy. Suisse.)	3	Nom, armoirie.	»	5, 5 c.	Pap. blanc. Vert.
		Poste loc. et cant.	»	Id.	Vert sur pap. vert.

ÉTATS qui ont créé des timbres - poste.	NOMBRE des timbres qui y ont cours.	EFFIGIES et EMBLÈMES		VALEUR d'émission de ch. timbre.	FORME et couleur de l'impression des timbres et du papier.
		des timbr.-poste proprem. dits	des timbres-enve-loppes.		
GRÈCE (ROYAUME DE).	9	Nom, ef-figie du Merc.	»	1, 2, 5, lep. 20, 80 lept. 10, 40 l.	R. Pap. blanc. Marron, jau-ne, vert, bleu, rouge. Pap. bleuté. Brique, vio-let.
GRENADE (ILE DE). Possession anglaise des Antilles.	2	Nom, ef-figie.	»	1, 6 p.	R. Vert, rose.
GRENADINE (CONFÉDÉRATION).	6	Nom, ar-moirie. / Id.	» / »	5, 10, 20 cent. / Id.	A pans cou-pés. Papier blanc. Violet, brun, bleu. Même série, avec légère var. d'impr.
GUIANE Possess. angl. de l'Amér. du Nord.	7	Nom, ar-moirie. (navire).	»	1, 2, 4 c. 8, 12, 24 c.	R. Pap. blanc. Rose, Oran-ge, bleu. Rose, gris, vert.
HAMBOURG RÉPUBLIQUE DE BORGADORFF.	7	Nom et chiffre. / Id.	» / »	1/2, 1, 2 sch. / 3, 4, 7, 9 sch.	R. Pap. blanc. Noir, mar-ron, rouge. Bleu, vert, briq., jaun.
HANOVRE (ROYAUME DE).	27	Nom et chiffre. / Id.	» / »	1 g., 3 pf. 1/10 1/15 th. 1/30 th. / 1 g., 3 pf. 1/30 th.	R. Pap. coul. Vert, vert, bleu, jaune bleu, rouge Pap. blanc. Noir, vert, vert, rose, rose.

ÉTATS qui ont créé des timbres-poste.	NOMBRE des timbres qui y ont cours.	EFFIGIES et EMBLÈMES		VALEUR d'émission de ch. timbre.	FORME et couleur de l'impression des timbres et du papier.
		des timbr.-poste proprem. dits.	des timbres-enveloppes.		
HANOVRE (ROYAUME DE). (Suite).	27	Nom et effigie.	»	1/15 1/10 th.	Bleu, jaune.
		Cor de chasse.	»	1/2 gr.	Noir.
		Effigie.	»	1, 2, 3, 10 gr.	Rose, bleu, jaune, vert.
		»	Nom, effigie à gauche	1 gr., 1, 2, 3, sil.	Ovale ; vert. rose, bleu, jaune.
		»	Id.	1, 2, 3 gr.	Rose, bleu, jaune.
		»	Armoir.	Sans indication.	Sur papier jaune.
HAWAIAN (Royaume d')	3	Nom, figurine.	»	2, 5, 13 c.	Rect. Bleu, rouge.
ET HONOLULU. (Iles Sandwich).	2	Id.	»	2, 2 c.	Noir, bleu.

HESSE-DARMST. (GR.-DUCHÉ DE). Voy. Allemagne-Sud.

HESSE-ÉLECTOR. Voy. Allemagne-Nord.

HESSE-HOMBOURG Voy. Allemagne-Sud.

HONOLULU (ILES SANDWICH). Voy. Hawaian.

ÉTATS qui ont créé des timbres-poste.	NOMBRE des timbres qui y ont cours.	EFFIGIES et EMBLÈMES		VALEUR d'émission de ch. timbre.	FORME et couleur de l'impression des timbres et du papier.
		des timbr.-poste proprem. dits.	des timbres-enveloppes.		
INDES (EMPIRE DES) Possess. anglaises d'Asie.	22	Nom, effigie.	»	1/2, 1, 2, 4, a.	R. Le dernier octogone. Bleu, bleu, rouge, roug. vert. rouge et bleu.
		»	»	1/2, 1, 2, 2, a.	Pap. bleuté et pap. blanc.
		»	»	4, 4, 8, 8 a.	Bleu, brun, rose, orang. noir, rose, violet.
		Govt. of India.	Effigie à gauche	1/2, 1 a. 1 a.	Bleu, brun. »
		»	Shlitlirld et Cᵉ.	1, 4 p.	»
IONIENNES (RÉP. DES ILES). Possess. anglaise.	3	Nom, effigie.	»	sans indication.	Rect. Jaune, rouge, bleu.
ITALIE PROPREMENT DITE, Y compris Naples, les Etats-Romains, la Sardaigne. (Voir ces noms).	28	»	»	»	
JAMAÏQUE (ILE DE LA) Possess. anglaise des Antilles.	5	Nom, effigie.	»	1, 2, 4, 6 p. 1 sh.	R. Pap. blanc. Bleu, rose, bistre, viol. Brun.
LIBÉRIA (RÉPUBLIQUE DE).	4	Nom, effigie.	»	3, 6. 9, 12, 24 c.	R. Pap. blanc. Rouge, bleu, vert.

ÉTATS qui ont créé des timbres-poste.	NOMBRE des timbres qui y ont cours.	EFFIGIES et EMBLÈMES.		VALEUR d'émission de ch. timbre.	FORME et couleur de l'impression des timbres et du papier.
		des timbr.-poste proprem. dits.	des timbres-enveloppes.		
LIECHTENSTEIN (PRINCIPAUTÉ DE). Voy. Autriche.					
LIPPE-DETMOLD (PRINCIPAUTÉ DE) Voy. Allemagne-Nord.					
LIPPE- SCHAUENMBOURG (Princip. de) Voy. Allemagne-Nord.					
LOMBARDIE ET VÉNÉTIE. Voy. Autriche.					
LUBECK (RÉPUBLIQUE DE).	5	Noms et armoir.	» »	1/2 sch. 1, 2. 2 1/2, 4 sch.	R.Pap.blanc. Violet, jaune brun. Rouge, vert.
LUCIE (ILE SAINTE-). Possess. angl. des Antilles.	3	Nom et effigie.	"	Sans indication.	R.Pap.blanc, bleu, rouge. Vert.
LUÇON (ILE). Poss. espagn. des îles Philippines.		Effigie. Correo interior. »	» » »	» S. ind. 5, 6 c. 1 real.	R.Pap.blanc. » Rouge.

ÉTATS qui ont créé des timbres-poste.	NOMBRE des timbres qui y ont cours.	EFFIGIES et EMBLÈMES.		VALEUR d'émission de ch. timbre.	FORME et couleur de l'impression des timbres et du papier.
		des timbr.-poste proprem. dits.	des timbres-enveloppes.		
LUXEMBOURG (GR.-DUCHÉ DE).	10	Effigie. Nom et armoir.	»	10c, 1sil. 2, 4, 10, 12 1/2 c.	R.Pap.blanc. Noir. brun. Noir, jaune, bleu, rose.
		Id.	»	25, 30, 37 1/2, 40 c.	Marron, violet, vert, rouille.
MALTE (ILE DE) Possess. angl. des Antilles.	1	Nom et effigie.	»	1/2 p.	R.Pap.blanc. Bistre.
MAURICE (ILE) Possess. anglaise d'Afrique.	15	Nom et effigie.	»	sans indication.	R.Pap.blanc. Rouge, vert, violet. Bleu, rouge.
		Id.	»	6 p. 1 sh.	Rouille, bleu
		Avec inscrip. grecq.	Nom et effigie.	1 py, 2 p. 1, 1, 2, 4, 9 p, 6. 9 p.	Rouge, brun, bleu, rose, viol., bronz. Gris.
MECKLEMBOURG- SCHWERIN (gr.-duché de).	7	Nom et armoir.	Nom et armoir.	4/4, 3, 5 sh. 1, 1 1/2, 3, 5 sch.	R.Pap.blanc. Rouge, orange, bleu. Brique, vert, jaune, bleu.
MECKLEMBOURG- STRÉLITZ (gr.-duché de.) V. Allemag. du Nord.		»	»	»	

ÉTATS qui ont créé des timbres-poste.	NOMBRE des timbres qui y ont cours.	EFFIGIES et EMBLÈMES.		VALEUR d'émission de ch. timbre.	FORME et couleur de l'impression des timbres et du papier.
		des timbr.-poste proprem. dits.	des timbres-enveloppes.		
MEXIQUE (RÉPUBLIQUE DU).	14	Nom et effigie.	»	1/2, 1, 2, 4, 8 r.	R. Pap. blanc. Bleu, jaune, vert, rouge.
		Id.	»	1/2, 1 r.	Pap. de coul. Noir s. cham, noir s. vert, noir s. jaun. vert s. rose, vert s. chamois et div. nuances.
		»	»	2, 4 r. 8, 8, r.	
MISSOURI (ÉTATS-UNIS). Voy. Saint-Louis.					
MODÈNE (DUCHÉ DE). Voy. Sardaigne.	14	Armoir. (aigle).	»	5, 10, 15, 25 c.	R. Pap. blanc. Vert, rose, jaune, café.
		»	»	40 c. 1 lir.	Bleu, blanc.
		Cossa gazette	»	10, 15 c.	Blanc, violet. Vert, bistre, marron.
		Gouver¹ provis.			Bleu, rose, orange.
		Nom et armoir.	»	5, 10, 15 c.	
		Croix de Savoie.	»	20, 40, 8 c.	
MOLDAVIE (PRINCIPAUTÉ DE).	4	Armoir.	»	5, 40, 62, 80 para.	R. Pap. blanc. Noir, bleu, vert, rouge.
MONTEVIDEO (RÉPUBLIQUE DE).	6	Nom (soleil).	»	60, 80, 100 c.	R. Pap. blanc. Brun, rouge, carmin.
		»	»	120, 180, 240 c.	Bleu, vert, brique.

3.

ETATS qui ont créé des timbres-poste.	NOMBRE des timbres qui y ont cours.	EFFIGIES et EMBLÈMES.		VALEUR d'émission de ch. timbre.	FORME et couleur de l'impression des timbres et du papier.
		des timbr.-poste proprem. dits.	des timbres-enveloppes.		
NAPLES (ROYAUME DE).	8	Nom et effigie.	»	1/2 tor-neso, 1/2 gr, 1, 2.	R. Pap. blanc. Vert, café, noir, bleu.
		»	»	5, 10, 20, 50 gr.	Rouge, jaun. orang., gris.
NASSAU (DUCHÉ DE), Voy. Allemag. du Sud.					
NATAL Possess. anglaise d'Afrique.	8	Nom et armoir.	»	1, 2, 3, 6 p. 1 sh.	R. Pap. coul. Bistre, bleu, rose, vert, gris.
		Nom et effigie.	»	1, 3 p.	Grenat, bleu.
NEVIS (ILE DE). Possessions anglaises des Antilles.	3	Nom et 2 figurin.	»	1 p., 6 p. 1 sh.	R. Rose, violet, vert.
NORWÉGE (ROYAUME DE). Voy. Suède.	5	Armoir.	»	4 sh.	R. Pap. blanc. Bleu.
		Nom et effigie.	»	2, 3, 4, 8 sh.	Jaun., violet, bleu, rose.
OCÉAN ET OCÉANIE. Voy. Nouvelle-Gallès, Zélande, Van-Diémen, Victoria, etc. Possessions anglaises.	3	Marin. effigie.	»	sans indication.	»
		Vaisseau.	»	»	»
		Vapeur.	»	»	»
OLDEMBOURG (GR.-DUCHÉ DE).	18	Chiffre.	»	1/3 s. 1/30 1 1/5 th., 1/10 th.	R. Pap. blanc. Vert, bleu, rose, jaune.
		Nom et armoir.	»	1/4, 1/2, 1/2 gr. 1, 2, 3 gr.	Jaune, vert, marr., bleu, rose, jaune.
		»	Nom et armoir.	1/2, 1, 2, 3 gr.	Marron, bleu, rose, jaune.

ÉTATS qui ont créé des timbres-poste.	NOMBRE des timbres qui y ont cours.	EFFIGIES et EMBLÊMES.		VALEUR d'émission de ch. timbre.	FORME et couleur de l'impression des timbres et du papier.
		des timbr-poste proprem. dits.	des timbres enveloppes.		
PARAGUAY (RÉPUBLIQUE DU).	8	Nom et armoir.	»	sans indication.	R.Pap.blanc. Essais. Noir, vert, rose, roug.
		Lion et bonnet phryg.	»	»	Bleu, jaune, ardoise, br.
PARME (DUCHÉ DE) Sardaigne.	20	Nom et armoir.	»	5,10,15, 25,40 c.	R.Pap.blanc. Jaune, noir, rose, brun, bleu.
		Gouv^t. provis.	»		Octog. Papier blanc.
		Nom et chiffre.	»	5, 10, 20 c.	Vert, brun, bleu.
		Id.	»	40, 80 c.	Verm., roug. Sur papier coul.
		Id.	»	6, 9 c.	Vert, bleu.
PAYS-BAS (ROYAUME DES).	5	Effigic.	»	5,10, 15 cents.	R.Pap.blanc. Bleu, rouge, jaune. Noir.
		(Essai).	»	5 cents.	
PÉROU (RÉPUBLIQUE DU).	9	Armoir. (Navire)	»	1/2 or, 1 r, 1 or, 2 r.	R.Pap.blanc. Bleu, carmin bleu, carm.
		Armoir.	»	1 din., 1 1/2 pes^to	Bleu, rouge, jaune,
		»	Armoir. (Essal).	1 d. 1 p.	Bleu.
PHILIPPINES (ILES). (V. Luçon, possession espagnole).	5				
POLOGNE (EMP. DE RUSSIE).	2	Armoir.	»	10 kop.	R.Pap.blanc. Roug. et bleu
		»	Armoir.	10 kop.	Rond. Noir.

ÉTATS qui ont créé des timbres-poste.	NOMBRE des timbres qui y ont cours.	EFFIGIES et EMBLÈMES.		VALEUR d'émission de ch. timbre.	FORME et couleur de l'impression des timbres et du papier.
		des timbr.-poste proprem. dits.	des timbres enve-loppes.		
PORTO-RICO (ILE). (V Cuba, possess. espagnole des Antilles).					
PORTUGAL (ROYAUME DE).	9	Effi. de : D.Maria	»	5,25,50, 100 reis.	R.Pap.blanc. Brun, bleu, vert, violet.
		D.Pedro	»	5,25,25, 50,100 reis.	Brun, rouge, bleu, vert, violet..
PRINCE-ÉDOUARD (V. Edouard, possession anglaise de l'Amériq. du Nord).	4				
PRUSSE (ROYAUME DE).	25	Effigie	»	4, 6 pf.	R. Pap. coul. Vert, vermil.
		Id.	»	1,2,3 sil.	Rose, bleu, jaune.
		Id.	»	4,6 pf,1, 2, 3 sil.	Vert, rouge, rose. bleu, jaune.
		Armoir.	»	Id.	Octog. les 2 premiers. Id.
		»	effigie à droite.	1,2,3,4, 5 gr.	Les 3 prem. ovales, les autres oct. Rose, bleu. marr., viol.
		»	»	6, 7 gr.	Vert, cinabr.
		»	Nom, ar-moirie.	1,2,3 gr,	Rose bistre.
QUEENSLAND Possess. angl. de l'Océanie.	5	Nom et effigie.	»	1, 2, 3, 6 p. 1 sh	R.Pap.blanc. Rouge, bleu, vert, noir.

ÉTATS qui ont créé des timbres-poste.	NOMBRE des timbres qui y ont cours.	EFFIGIES et EMBLÉMES.		VALEUR d'émission de ch. timbre.	FORME et couleur de l'impression des timbres et du papier.
		des timbr.-poste proprem. dits.	des timbres-enveloppes.		
ROMAINS (ÉTATS)	12	Armoir.	»	1/2, 1, 3 b.	Pap. blanc et coul. Oval, Violet, vert clair, chamois.
		Id.	»	2 b., 5. 4 b.	R.Vert, rose. Rond. Jaune.
		Id.	»	6, 7 b. 8 s. 50 b.	Oct.Gr., bleu R. long. Rouge, bleu.
ET ROMAGNE.	8	Gouvt. provis. Nom et chiffre.	»	1/2, 1, 2, 3, 4 b. 5, 8, 20 b.	R. Pap. coul. Jaune, gris, cham., vert, brun. Lilas, rose, bleu.
Principautés de : **REUSS-GREITZ** ; **REUSS-LOBENSTEIN-EBERSDORF** ; **REUSS-SCHLEITZ**. (V. Allemagne du Nord)					
RUSSIE (EMPIRE DE) et ses possessions. (V. Finlande et Pologne).	10 (8)	Armoir. » »	Local. d. St-Péter-sbourg. Armoir.	10, 20, 30 kop. 5 et 1 kop 10 et 1 k 20 et 1 k. 30 et 1 k	R.Pap.blanc. Bleu et marr. or. et bleu, vert et roug. Bleu, noir. Bleu, rose.
SAINTE-HÉLÈNE (ILE). Possess. anglaise d'Afrique.	2	Nom et effigie.	»	6 p.	R.Pap.blanc, bleu.

ÉTATS qui ont créé des timbres-poste.	NOMBRE des timbres qui ont cours.	EFFIGIES et EMBLÈMES.		VALEUR d'émission de ch. timbre.	FORME et couleur de l'impression des timbres et du papier.
		des timbr.-poste proprem. dits.	des timbres-enveloppes.		
SAINTE-LUCIE (ILE). Possess. anglaise des Antilles.	3	Nom et effigie.	»	sans indication.	R. Pap. blanc, bleu, vert, rouge.
SAINT-LOUIS (ILE). Missouri (États-Unis).	1	Colombe	»	1 cent.	R. Pap. blanc, rose tendre.
SAINT-THOMAS (ILE). (Antilles, possess. du Danemarck).	1				
SAINT-VINCENT (ILE). Possess. anglaise des Antilles.	4	Nom et effigie.	»	1, 6 p.	R. Pap. blanc. Rouge, vert.
SANDWICH (ILES), (V. Honolulu et royaume Hawaïan).	2				
SARDAIGNE (ROYAUME DE). (V. Autriche et Italie).	17	Effigie.	»	5, 20, 40 cent.	R. Pap. blanc. Noir, bleu, rose.
		Id.	»	5, 20, 40 cent,	Pap. coul. Vert, bleu, rouge.
		Id.	»	10, 80 c.	Bistre, jaun., bronzé.
		Giorneli st. Chif.	»	3 lire. 1, 2 cent.	Pap. blanc. R. Noir.

ÉTATS qui ont créé des timbres-poste.	NOMBRE des timbres qui y ont cours.	EFFIGIES et EMBLÈMES,		VALEUR d'émission de ch. timbre.	FORME et couleur de l'impression des timbres et du papier.
		des timbr.-poste proprem. dits.	des timbres-enveloppes.		
SAXE (ROYAUME DE).	17	Nom et chiffre.	»	3 pf.	R.Pap.blanc. Rouge.
		Nom, ef-figie à	»	1/2,1,2, 3 neugr.	R. Pap. coul. Gris, rose, bleu, jaune, vert.
		dr. de Frédér.	»	3 pf.	Id.
		Id. à g. de Jean	»	Id. Id, 5,10n.gr	Pap. blanc. Rouge, bleu.
		»	nom et effigie à gauche.	1, 2, 3, 5 n. gr. 10 n. gr.	Rose, bleu, jaune, viol., vert.

Duchés de :
SAXE-ALTEMBOURG
— COBOURG-GOTHA
— MÉNINGEN-HIL-
BOURGHAUSEN
— WEIMAR.
(V. Allemagne).

SCHLESWIG-
HOLSTEIN (DUCHÉ)
Antilles, possess.
du Danemark.
(Voir ce nom).

2

Principautés de :
SCHWARTZBOURG
DE RUDOLSTADT ;
SCHWARTZBOURG-
SONDERSHAUSEN.
(Voir Allemagne).

| ÉTATS qui ont créé des timbres-poste, | NOMBRE des timbres qui y ont cours. | EFFIGIES et EMBLÈMES. | | VALEUR d'émission de ch. timbre. | FORME et couleur de l'impression des timbres et du papier. |
		des timbr.-poste proprem. dits.	des timbres-enveloppes.		
SICILES (ROY. DES DEUX-)	16	Sicile propremt dite. N., effig. T. ferme N., arm. Gourvt. provis.	»	1/2 tor. 1,2,5 gr 10, 20, 50 gr. 1/2,1, 2, 5, 10, 20,50g 1/2 tor.	R.Pap.blanc. Orange,brun, bleu, rouge. Indigo, noir, grenat. R.Pap.blanc. Série gren. Bleu.
SIERRA-LEONE Possess. anglaise d'Afrique.	1	Nom et effigie.	»	6 p.	R. Violet.
SUÈDE (ROYAUME DE). (Voir Norwége).	12 (5)	Nom et armoir. Id.	» »	3, 4, 6, 8 sk. 24 sk. 5, 9, 12, 24. 30,50cre	R.Pap.blanc. Vert, bleu, gris, jaune, orange. Vert. violet, bleu, jaune, brun, roug.
SUISSE Administration fédérale.	23	Armoir. Croix bl. Id. Effigie.	» » »	2 1/2, 1, 5h,10 r. 10-15 r. 5 r. 5,10, 15 20 r. 40r.1fr.	R. Sur papier blanc. Papier bleu, pap. jaune. Pap. nankin, pap. rose, et bleu sur pap. blanc. Brun, bleu, rose, jaune, vert, gris.
Administration cantonnale de : BALE ; GENÈVE ; ZÜRICH. (V. ces noms.)	1 3 6				

ÉTATS qui ont créé des timbres-poste	NOMBRE des timbres qui y ont cours.	EFFIGIES et EMBLÉMES.		VALEUR d'émission de ch. timbre.	FORME et couleur de l'impression des timbres et du papier.
		des timbr.-poste proprem. dits.	des timbres-enveloppes.		
TASMANIE OU VAN-DIÉMEN. Possess. anglaise de l'Océanie.	6	Nom et effigie.	»	4, 6 p. 1 sh.	Oct. Bistre, violet, briq.
		Id.	»	1, 2, 4 p.	Rect. Bistre, vert, bleu.
TERRE-NEUVE Possess. angl. de l'Amér. du Nord.	10	Nom, fleurs et couron.	»	1, 6 p.	R. Marron, brun.
			»	3 p.	Triang. Vert.
		Nom et bouquet	»	1/2, 2, 4, 6, 6 1/2, 8 p.	R. Série imp. en rouge.
TOSCANE (GR.-DUCHÉ DE).	24	Nom et armoir.	»	1 g, 1 s, 1 cr 2 s.	R. Pap. bleuté et pap. bl. Noir, jaune, gren., briq.
		(Lion).	»	2, 4, 6, 9, 60 cr.	Bleu clair, vert, bleu foncé, brun, brique.
		id. Bollo straord.	»	1, 5, 10, 20 c.	Violet, vert, brun, bleu.
		(Croix de Savoie)	»	40, 80 c. 3 lire.	Rouge, rose, jaune.
TOUR ET TAXIS (V. Allemagne du Nord).					
TRINITÉ (ILE DE LA). Possess. anglaise des Antilles.	16	Nom et figurin.	»	sans indication	R. Sur papier bleuté et pap. blanc. Rouge, bleu, gris, vert, noir.
		Id.	»	4, 6 p. 1 sh.	R. Pap. blanc. Violet, vert, bleu.

ÉTATS qui ont créé des timbres-poste.	NOMBRE des timbres qui y ont cours.	EFFIGIES et EMBLÈMES.		VALEUR d'émission de ch. timbre.	FORME et couleur de l'impression des timbres et du papier.
		des timbr.-poste proprem. dits.	des timbres-euveloppes.		
URUGUAY (RÉPUB. DE L'). (V. Montévideo).	6				
VANCOUVER (ILE DE). (V. Colombie). Possess. angl. de l'Amér. dn Nord.	3				
VAN-DIEMEN (V. Tasmanie). Possess. anglaise de l'Océanie.	6				
VÉNÉTIE (V. Autriche).	11				
VENEZUELA (RÉPUBLIQUE DE)	3	Nom et armoir.	»	1/2, 1, 2 r.	R.Pap.blanc. Jaune, bleu, brique.
		Effigie et nom.	»	1, 1, 2, 3 r.	Rect. Bistre, roug., bleu, bleu foncé.
VICTORIA Possess. anglaise de l'Océanie.	29	Figurine Sur trône	»	1, 2, 6 p.	R.Vert, brun bleu.
		Nom et effigie.	»	1, 2, 4, 6 p.	Vert, violet, rose, jaune.
		Id.	»	1, 2 sh.	Bleu octog., vert-de-gris,
		Id.	»	6 p. 1 sh.	En 2 coul. Gris et vert, rose et bleu.
		Id.	»	3, 4, 6, 6 p.	Bleu, rose, noir, orang.

ÉTATS qui ont créé des timbres-postes.	NOMBRE des timbres qui y ont cours.	EFFIGIES et EMBLÈMES.		VALEUR d'émission de ch. timbre.	FORME et couleur de l'impression des timbres et du papier.
		des timbr.-poste proprem. dits.	des timores-enveloppes.		
VILLES-LIBRES DE L'ALLEMAGNE. V. Brême, Francfort, Hambourg, Lubeck.					
WALDECK (PRINCIPAUTÉ DE). (V. timbres de Prusse).					
WURTEMBERG (ROYAUME DE)	15	Nom Chiffre.	»	1,3,6,9, 18 k.	R.Pap.blanc. Bistre, jaune, vert, rose, violet.
		Armoir.	»	1,3,6,9. 18 k.	Marr., jaune, vert, rouge, bleu.
		Id.	»	sans indication	Id.
		Essai.	»	3 k.	Bleu.
ZÉLANDE (NOUVELLE-) Possess. anglaise de l'Océanie.	8	Nom et armoir.	»	1, 2, 6 p. 1 sh.	R.Pap.bleuté Brique, bleu. Pap. blanc.
		Id.	»	1, 2, 6 p. 1 sh.	Jaune, bleu, brun, vert. R.Pap.blanc.
ZURICH Suisse cantonnale.	6	Chiffre	»	4,5,6 c.	»
		Armoir.	»	5 cent.	Noir.
		Cor de chasse.	»	4,5 cent.	Noir, noir.

FIN.

TABLE.

PREMIÈRE PARTIE.

DEUXIÈME PARTIE.

FIN DE LA TABLE.

AU COLLECTIONNEUR

RUE ST-SULPICE, 32, ET MABILLON, 22.

ANNONCE.

TABLETTES DU COLLECTIONNEUR
Publications nouvelles et prognologiques.

En vue de la brièveté de la vie et du peu de temps laissé à la plupart des hommes pour former leur cœur et développer leur intelligence, l'objet spécial des Tablettes est de présenter aux hommes laborieux et aux esprits inventifs dans tous les genres, les moyens de voir juste, vite et loin.

En un mot, faire avancer avec ordre, rapidement, sûrement et sous tous les points de vue encore peu ou point explorés, dans une partie quelconque des connaissances humaines, tel est le but des publications du Collectionneur.

Les Tablettes du Collectionneur se composeront :

— De **petits manuels** sur toutes les parties des connaissances humaines qui n'auront pas été publiées jusqu'à ce jour.

— De **traités singuliers et inédits.**

— De **pièces rares et inédites**, soit en documents littéraires ou historiques, soit en lettres autographes.

L'*ordre* que suivra la publication des tablettes sera celui des tendances de l'actualité et du mouvement de l'esprit public.

Le *format* des Tablettes du Collectionneur, sorte d'encyclopédie portative des faits nouveaux, ajoutés à l'inventaire général de nos connaissances, sera celui d'un *vade mecum*, c'est-à-dire celui de notre petit Manuel de l'amateur de timbres-poste.

Le *prix* de chaque volume in-12, réduit au plus bas prix possible, sera mis ainsi à la portée de toutes les bourses et contribuera à la pratique du problème de la science pour tous.

Après la vente du *Petit Manuel de l'Amateur de Timbres-Poste* de tous les peuples, etc., dont le prix est de 1 fr. 25 c. au dépôt, rue Saint-Sulpice, 32, à Paris, les Tablettes du Collectionneur donneront, dans leurs plus prochaines publications.

Le *Manuel de l'Amateur des ventes aux enchères publiques*, divisé en trois parties, qui comprendront les ventes et achats :

1o Des livres, manuscrits et autographes ;

2o Des dessins, tableaux et objets d'art ;

3° Des curiosités, antiquités, ameublements, etc.

Experts, commissaires-priseurs, crieurs, acheteurs et vendeurs, y trouveront chacun leur place et les renseignements les plus utiles sur les habitudes, les abus et les fraudes qui ont lieu dans les ventes et achats publics de tous genres.

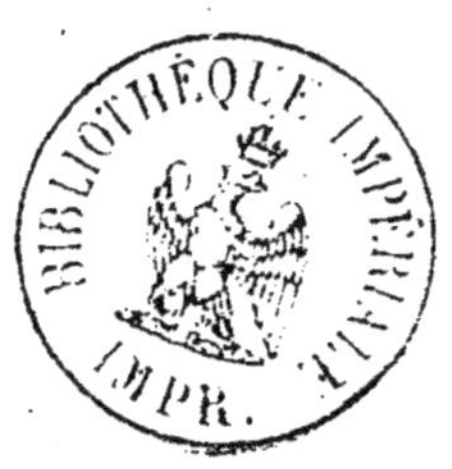

CLASSIFICATION GÉNÉALOGIQUE,

Ou Ordre chronologique des émissions de chaque timbre:

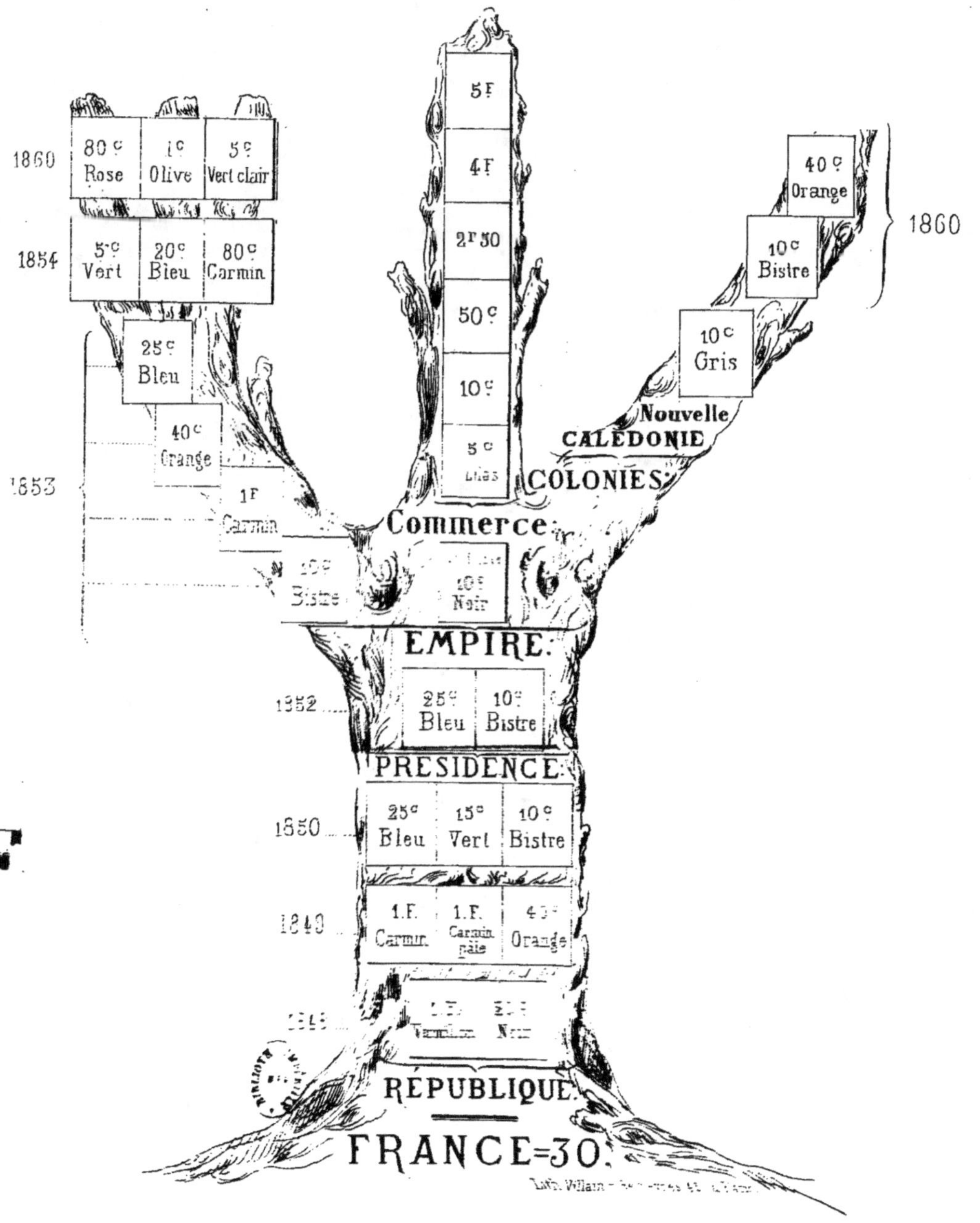

Pl. 2. CLASSIFICATION HÉRALDIQUE,

d'après les armoiries et les effigies des Souverains de chaque État.

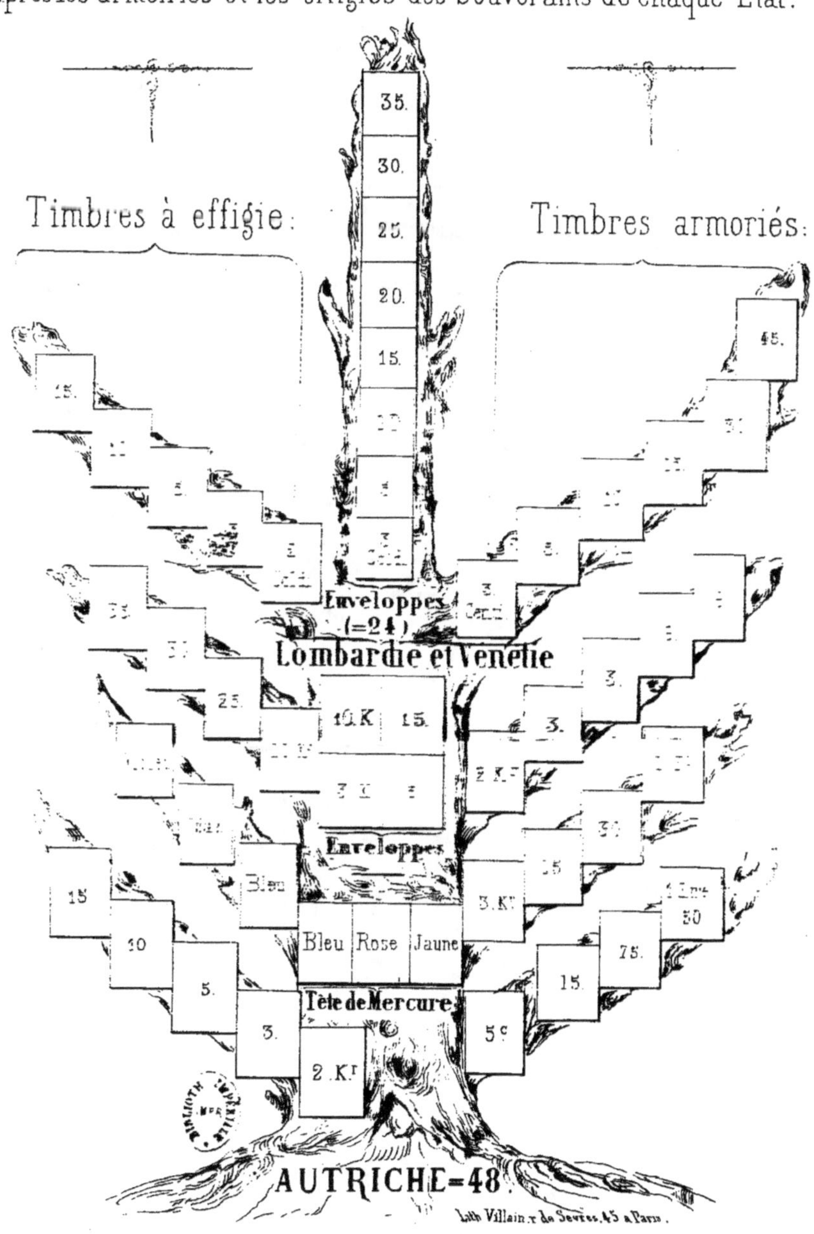

Pl. 3. CLASSIFICATION SYSTÉMATIQUE,
Groupant les Timbres suivant les couleurs
pour leur étude comparative.

Espagne-58 et ses Colonies-14=(72)
Formant 17 couleurs ou nuances positives :

10 Couleurs et nuances positives
pour les timbres à effigie:

7 Couleurs et nuances positives
pour les timbres armoriés

2ᶜ 19ᶜ
Marron

6. R
Noir

1. R
Noir

1.2.5.10ᴾ
Vert.

2.12.R
Violet.

6.10.R.
1 ½ Rᴾ
Bleu

6. R.
1 Libra
Bleu.

1. C.
Bronzé.

2. R
Lilas.

2.4.R
Grenat.

2.5.6.R
Rose

½ Onza.
Jaune.

2ᶜ 5R
Vert.

2.12.C
Rouge.

2.4.5.6ᶜ
Rouge brique

1. Onza.
Rose.

2.4.6ᶜ
Rouge.

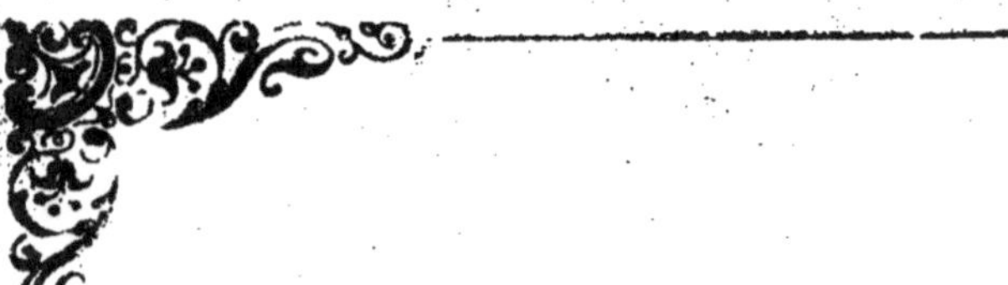

Paris. — Imprimerie de E. Donnaud, rue Cassette, 9.